AF267107

PROCÈS DE PAILLE.

PROCÈS DE FOIN.

PROCÈS DE BEURRE.

PROCÈS DE PARIS.

PROCÈS DE PASSY.

PROCÈS DE TOUTE LA TERRE.

PROCÈS, etc., etc.

Pour Jean-Baptiste SELVES,

Contre le sieur SEIGLE, son Fermier.

Pourquoi tant de procès ? Pourquoi ? C'est toujours pour remplir le but de m'écraser par l'oppression la plus douloureuse pour la justice même.

Ils sont tous suscités au nom d'un fermier, qui écoute avec plaisir les conseils qui lui disent de ne parler avec son propriétaire que par huissier, et qui lui promettent tous les tours d'adresse pour dévorer les fermages, la propriété et le propriétaire.

Ce n'est là encore qu'une partie des procès au nom de ce fermier, sans compter ceux, au nom de quelques

(1)

autres instrumens des avoués , et au nom même de divers avoués.

Si je m'affectais trop sérieusement de cette persécution, si je n'avois pas le bon sens d'en rire , comme mes lecteurs en riront, il y a longtemps que ma tête serait insuffisante et perdue.

Car, comme je l'ai dit ailleurs , ma juste indignation a toujours su se mêler avec une dose de pitié assez forte pour me donner quantité suffisante de patience et de courage , jusqu'à ce que les vrais magistrats m'auront entendu et vengé. On voudra bien aussi m'excuser si mon style n'est pas mélancolique.

Si je faisais l'énumération de tous les procès , en commençant par le commencement , c'est-à-dire par le premier , je n'arriverais pas à la fin.

Je prends aussi le parti de commencer , non pas par la fin , parce qu'on me fera , à coup sûr , encore des procès ; mais par le dernier qu'on vient de me faire au nom du fermier , et qui est un procès de paille ; car dès que ceux qui vivent de procès en font tant qu'ils peuvent , de toute espèce et sur toutes choses , pour gagner des frais qui sont si chers , on doit se trouver , avec des procès , sur la paille.

Je parlerai donc d'abord un peu au long du procès de paille pour y défendre , car on va le juger incessamment. Je ne dirai que peu de mots sur d'autres , uniquement pour prouver que tout ce qu'on me fait est malicieux et pitoyable.

PROCÈS DE PAILLE.

Il n'y pas de règle ni de proverbe sans exception.

Par exemple ; le proverbe qui dit que *feu de paille est de courte durée*, n'est pas toujours vrai.

Pour vous en convaincre, vous allez voir que lorsque ceux qui ont intérêt à ce que les procès durent, lors même qu'ils n'allument un procès qu'avec de la paille, ils savent rendre le feu éternel.

Mon bail à ferme porte à l'article 10, et il est ainsi depuis des siècles : que le fermier s'oblige de me fournir deux mille bottes de paille de bled, dont mille *livrables à Passy*, qui est le nom de la ferme, et les autres mille *portables à Paris, dans le courant* des mois *de ventose et germinal*. Sans compter six charrois annuels qu'il doit faire à Paris pour me porter ce que je trouve à propos d'y faire venir, et je puis alors exiger qu'aux dépens de ces charrois il me porte aussi à Paris les mille bottes de paille livrables à Passy.

Le bail fixe évidemment ainsi la remise de la paille dans le courant de ventose et germinal, parce que les propriétaires, à Paris, n'ont que des greniers qui peuvent au plus contenir une voiture de foin et une voiture de paille, et que dans l'espace de deux mois où les travaux de culture sont moins actifs, on s'arrange pour apporter et recevoir successivement trois voitures de paille.

Si le fermier n'avait pas porté à la fois ses trois voitures en mars 1813, et jeté dans la rue, à l'entrée de la nuit, les mille bottes portables à Paris, il s'agirait de savoir, si en disant *portables dans le courant de ventose et germinal*, il peut, aussitôt que germinal est commencé, porter, sans même en prévenir, les mille bottes à la fois, sur trois grandes voitures, pour tout

1 *

encombrer ; et si je ne puis les prendre toutes de suite , s'il peut les jeter dans la rue.

Mais c'est principalement la mauvaise action de les avoir jetées dans la rue qui doit occuper aujourd'hui , et avant de dire comment cette action a eu lieu , je dois faire connaître rapidement une partie de ce qui s'est passé sur l'exécution de cette clause de la paille , depuis le commencement du bail.

Le bail passé le 12 messidor an 12 , pour semer en l'an 13 , et faire la première récolte et le premier paiement en l'an 14 , rendoit le premier paiement de la paille exigible en ventose et germinal de l'an 14 , c'est-à-dire , depuis le 20 février jusqu'au 20 avril 1806.

Le fermier , qui doit faire six charrois pour porter à Paris ce dont on a besoin , fut requis , aux dépens de ces six charrois , de porter à Paris les mille bottes de paille qui sont livrables à Passy.

C'est alors qu'on imagina d'allumer un procès avec la paille , dont le feu , comme on voit , dure encore , et qu'on fit d'abord la première chicane , de prétendre qu'il fallait commencer par en aller recevoir livraison à Passy , afin , disait-on , que si la paille venait à se brûler en chemin la perte fût pour le propriétaire. En conséquence , un jugement du 14 juillet 1807 , ordonna que je ferais prendre livraison de la paille à Passy pour ensuite la porter à Paris. Ce qui va suivre va faire voir si ce n'était pas là en effet la plus odieuse chicane.

Je ne manquai pas d'envoyer à Passy , après sommation faite au fermier de s'y trouver pour y faire la livraison. Le fermier ne s'y trouva pas : cela fut constaté par procès-verbal. Il faut dire d'ailleurs que

le fermier ayant mis presque toutes les terres en luzerne, il était impossible qu'il eût des pailles su-
rabondantes pour en donner deux mille bottes au
propriétaire, et qu'il se moquait de moi quand il me
forçait à prendre livraison à Passy du millier qui doit
y être pris. Cette moquerie était si réelle, qu'on voit
qu'il n'avait pas de paille, et il fut condamné à la payer
suivant sa valeur, faute de livraison à Passy.

Loin que cela l'ait corrigé ni ses conseils, et pour
éterniser toujours le feu, malgré qu'il soit de paille,
on a osé plusieurs fois répéter qu'il falloit aller
chaque année, compter et recevoir à Passy le millier
de paille qui devait y être livré, avant de la porter
à Paris ; mais lorsqu'encore on s'y est présenté plusieurs fois, il n'y a pas eu de paille à livrer. Car,
dans une occasion, je voulois en faire prendre une
voiture, par un charretier appelé Aubert, qui s'y pré-
senta : c'était le 30 juin 1810. Il résulte de son attesta-
tion légalisée, qu'on ne lui en livra pas, qu'il n'y en
avait pas, et qu'on voulait l'envoyer à une autre ferme
pour en prendre.

Je supprime ce qui a eu lieu dans les différentes
années précédentes, pour ne parler que de la paille
échue les quatre dernières années de 1810 1811, 1812
et 1813.

Le fermier a laissé arrérager les divers milliers
échus, l'un en mars et avril 1810, l'autre en 1811 et
l'autre en 1812, livrables à Passy, plus enfin le second millier de 1812, portable à Paris : ce qui fait
quatre milliers arréragés avant 1813.

Le 11 mai 1812, il lui fut fait une sommation,
d'après toujours sa chicane, malgré qu'il n'eût pas de

paille, d'avoir prêtsà Passy ces quatre milliers. Le lendemain 13, en déclarant qu'on irait prendre livraison des trois mille livrables à Passy, pour les porter ensuite à Paris, aux dépens des six charrois, et pour porter ensuite le quatrième millier livrable à Paris.

Dans l'intervalle de cette sommation du 11, jusqu'au procès-verbal qui fut fait le 13, et dans la journée du 14, le fermier, qui n'avait pas une botte de paille dans la ferme qu'il n'habite pas, et où il n'a des chevaux qu'en passant, parce qu'il tient d'autres fermes, ramassa quatre ou cinq voitures de paille qu'il porta dans un coin de grange.

L'huissier était arrivé le 13 plutôt que mes agens qui allaient recevoir, et il avait commencé d'écrire faussement qu'il y avait dans la grange les quatre mille bottes de paille, comme on le voit écrit sur son procès-verbal. Mais lorsque les agens arrivèrent, ils soutinrent qu'il y en avait à peine quinze cents dans la grange : l'huissier corrigea son procès-verbal, et convint qu'il n'y en avait qu'environ quinze cents. Les pas furent encore perdus. Il fallut se retirer ; et le fermier annonça qu'il promettait de se procurer des pailles et de les porter à Paris, sans exiger qu'on revînt à Passy, quand il en aurait, pour faire la simagrée de les compter et prendre livraison; car il faut encore toujours les compter quand il les rend à Paris.

Voyez, par ce procès-verbal du 13 mai, si ce n'est pas un jeu, une moquerie, de dire qu'il faut aller dans une campagne prendre ce qu'on n'a pas, et d'exiger que le propriétaire aille compter à Passy les pailles qui doivent y être livrées ; quand, d'après une autre

clause du bail, on a dit au fermier de les porter à Paris, aux dépens des charrois qu'il doit ; et si après
avoir joué cette comédie déjà en 1807, et plusieurs
fois depuis, sans avoir non plus de pailles, il devait
la jouer en 1812 pour les pailles arréragées de trois
années.

Le fermier n'a d'ailleurs qu'à montrer ses quittances,
et on verra s'il a tenu sa promesse faite dans ce procès-
verbal du 13 mai 1812, de se procurer des pailles et
de les porter à Paris. L'on verra si, sur quatre mille,
il en a porté plus de mille qui ont été même reçues, quoiqu'en mauvais état, comme les quittances le constatent ;
en sorte qu'il en doit encore trois mille arréragées des
années antérieures à 1813, et pour lesquelles, par fa-
tigue, on a suspendu les poursuites pour les lui faire
payer.

Voilà sa conduite sur la paille avant 1813. Voici ce
qu'il a fait pour celle de 1813.

Ce fermier ne paie rien jamais qu'après commandement. Il a dans ce moment des poursuites contre lui
par les quatre propriétaires dont il tient des fermes.
Il est poursuivi par d'autres créanciers ; et, à coup
sûr, il fera incessamment une chute éclatante. S'il le
contestait, et qu'il fût utile de le prouver, les pièces
seraient aisément produites. Il existe même des saisies
faites contre lui dans ma ferme, tant par moi que par
des tiers, pour divers objets.

Au mois de mars dernier, il échut un terme de
2000 fr. argent et vingt-cinq hectolitres bled. Un commandement fut fait au fermier pour ces deux articles,
et alors s'écoulaient et n'étaient pas expirés les mois de
ventose et germinal, représentés par mars et avril, pen-

dant le cours desquels sont échus encore deux mille bottes de paille , dont mille toujours portables à Paris , et les autres mille livrables à Passy. Je n'avais pas songé , ce n'est pas d'ailleurs mon usage , d'enchevêtrer dans les commandemens pour argent et bled , la demande des pailles , surtout dès que nous n'étions pas à la fin de ventose et germinal.

Qu'arrive-t-il ? pour me vexer et m'embarrasser à la fin de mars , lorsque je faisais le plus pénible déménagement pour me changer de la Vieille rue du Temple à la rue Saint-Antoine , on imagine et on combine avec le fermier de me porter à la fois , l'argent , le bled et trois grandes voitures de paille , formant les mille bottes de 1813, portables à Paris. Un huissier se présente avec un acte d'offre , le vendredi soir 26 mars , après six heures , pour me faire prendre le tout. Je réponds de suite que je suis prêt à recevoir l'argent et le bled , mais que pour la paille , je ne puis en prendre qu'une voiture à la fois , surtout parce que je déménage dans le moment ; que le bail en prenant le courant des mois de ventose et germinal , pour porter à Paris mille bottes , qui remplissent trois grandes voitures , a entendu qu'elles fussent portées à diverses reprises , parce qu'un propriétaire ne peut pas avoir le local de suite pour les prendre à la fois ; que j'en prendrais une à ma nouvelle maison rue Saint-Antoine , en même-temps que l'argent et le bled , et que pour les deux autres , je ne pouvais les recevoir ; si le fermier persistait , il n'avait qu'à les déposer dans tel endroit qu'il voudrait , aux frais et péril de qui de droit. Rien n'était plus raisonnable. J'ajoutai , qu'à défaut , j'assignerais en référé pour le faire ainsi ordonner provisoirement.

L'on me répond qu'il faut prendre tout ou que je n'aurai rien.

L'huissier, appelé Garnier, revient le lendemain matin, 27 mars, à huit heures ; il fait la même offre. Je répète la même réponse, avec assignation en référé pour midi du même jour.

Mon avoué, M^e. Genreau, va en référé avec l'avoué du fermier, M^e. Chatonru. Je ne savais pas ce qui avait été prononcé, lorsqu'un nouvel huissier arrive à six heures du soir, le même jour samedi, chez moi, pendant que je dînais. J'étais encore logé Vieille rue du Temple. Il me déclare verbalement, sans me laisser aucune copie, qu'il vient me faire sommation d'avoir à me trouver de suite à la rue St.-Antoine, n° 76, pour recevoir les mille bottes de paille. Je lui dis que je ne savais pas ce qu'on avait fait en référé, et que dans la maison que je quittais ni dans celle que je prenais, cette quantité de paille ne pouvait y entrer. L'huissier me déclara que c'était égal, qu'il allait la décharger. J'y cours, et je vois qu'en effet l'huissier, avec une foule d'hommes, jetait la paille devant la porte rue St.-Antoine et dans la rue. Je fais appeler le commissaire de police, qui représente au fermier qu'il ne peut pas, comme il l'a déjà fait, encombrer la porte de la rue, obstruer le passage et faire crier les voisins qui ont peur du feu ; qu'il faut bien qu'il se garde de jeter encore celle qui était dans les deux autres voitures, qu'il le lui défend ; que d'ailleurs il fait périr une partie de la paille en la déliant, la jetant dans le ruisseau à l'entrée de la nuit, que les passans la foulent ; que dès qu'elle ne peut pas entrer dans la maison, il doit l'aller déposer aux périls de qui de droit, sans quoi il va lui-même faire conduire les voitures sur le port au Bled, et les confier à la garde.

Le fermier entend cette défense, et ne peut se dispenser d'obéir ; il déclare qu'il va déposer la paille des deux voitures non déchargées dans les granges d'une auberge ou hôtel : il part avec ces deux voitures et avec la troisième qui était déchargée. L'huissier se retire. De mon côté, comme j'avais offert d'en prendre une voiture, je m'empresse de prendre des hommes qui, jusqu'à minuit, travaillent à entrer dans la remise, la cour et l'allée la paille de la voiture déjà jetée.

Le commissaire de police et moi pensions que c'était chose finie, et que les deux voitures restantes allaient être déposées dans un lieu quelconque, pour attendre quelques jours, afin de se procurer un local, et pour savoir si le fermier avoit pu se conduire ainsi.

Mais par une nouvelle méchanceté de son conseil, je n'entends rien dire pendant tout le dimanche ni le lundi jusqu'à cinq heures du soir, que le même huissier revient Vieille rue du Temple, dans ma salle à manger, faire nouvelle sommation verbale d'aller recevoir les deux voitures restantes de paille, sans quoi il va encore, dit-il, les faire jeter dans la rue. Il ne laisse pas encore ce jour-là, lundi 29 mars, aucune copie, et il va à la rue St.-Antoine avec les deux voitures et huit hommes, jeter devant la porte, et dans la rue qui en était tout encombrée, environ sept cents bottes de paille. Il était nuit quand il eut fini, et lorsque le commissaire de police revint, ne trouvant plus personne, il se vit forcé de faire travailler toute la nuit, par une foule d'hommes et de charrettes qu'il commanda à gros frais, pour débarrasser la voie publique, et faire porter la paille sur le pavé du Port au Bled , devant le corps-de-garde , foulée, salie , déliée , traînée en partie dans le ruisseau. Tous ces faits sont constatés par le procès-verbal du commissaire de police , qui était outré, avec raison , de ce procédé du fermier , de l'huissier et de son conseil , qui n'a été autre dans ce moment que l'avoué Chatouru. Le lendemain matin 30 , à huit heures , nous prîmes le parti, avec le commissaire de police , de laisser enlever la paille par le premier carrossier qui en voulut, pour la mettre à profit , et dont la plus grande partie ne valait plus rien que pour litière ; et dont le prix ne paya pas les faux frais qu'il me fallut avancer.

Ce ne fut que le même jour 30 , que l'huissier porta chez moi une copie de tous ses différens procès-verbaux , avec sommation d'aller le même jour recevoir le bled qu'il déclara qu'il allait porter à la halle , et sans parler encore de me remettre l'argent.

Alors seulement je vis qu'il existait une ordonnance de référé qui disait que si je ne prenais pas l'argent, il serait déposé à la caisse d'amortissement, que le bled serait porté à la halle , et quant à la paille, que je serais tenu de la recevoir , et qu'elle serait déchargée dans la cour de ma nouvelle maison rue St.-Antoine, sans ajouter pour cet article, le plus embarrassant, que si je ne voulais pas la recevoir , ou si la cour ne pouvait pas la contenir, qu'elle serait portée dans un dépôt ; mais l'ordonnance ne disait pas non plus qu'elle serait jetée dans la rue.

Je m'occupai de suite à faire chercher la minute, pour vérifier s'il était exact qu'elle ne portait pas que la paille que je ne pourrais pas recevoir, serait déposée , et s'il en résultait qu'on pouvait la jeter dans la rue ; mais on l'avait prise pour l'exécuter sur la minute, et on ne put pas l'avoir : ce n'est que sur une copie que mon avoué en a demandée, qu'on a vu qu'en effet rien de cela ne s'y trouvait. Est-ce par négligence ou par méchanceté ? On m'a répondu que c'était l'avoué, selon l'usage, qui avait rédigé l'ordonnance, parce que M. le président avait à peine souvent le temps de signer son travail, et ne pouvait pas toujours le lire et le rectifier.

Voilà comment les choses s'arrangent, surtout quand il s'agit de moi. La volonté des avoués se trouve faite en toutes choses, comme celle du ciel, et comme si presque jamais les lois ni les magistrats n'existaient pour moi.

J'en demande bien pardon à M. le président qui a signé cette ordonnance, mais je ne crains pas de dire qu'il n'a pas fait son devoir, et que s'il est trop chargé de travail, il a plus de trente juges qu'il peut commettre pour faire ce qu'il n'a pas le temps de faire lui-même, et qu'il ne doit pas exister des ordonnances tournées et insuffisantes, de manière que, contre le vœu de la loi, un fermier prétende qu'il est autorisé à jeter dans la rue les denrées qu'un propriétaire ne peut pas contenir chez lui, et qu'il affecte par méchanceté de lui porter toutes à la fois, sans qu'il en soit même prévenu ; car la loi veut, comme la saine raison, en pareil cas, le dépôt, parce qu'il ne peut pas être permis de rien détruire.

Cela est si raisonnable, que les lois réitérées dans les nouveaux Codes ont prévu les deux cas : l'un, dans l'art. 1264 du Code Napoléon, qui est relatif à la *chose* que le créancier doit enlever du lieu où elle se trouve. Il y est dit que si le créancier, après sommation, ne l'enlève pas, le débiteur, s'il a besoin du local où elle est, loin de pouvoir la jeter ni l'exposer à périr, doit demander à la justice la permission de la déposer dans quelque coin.

L'autre cas, qui est celui où le débiteur est tenu de remettre la *chose* au domicile du créancier, qui l'offre et éprouve un refus, est expliqué par les art. 814 et 816 du Code de procédure; il porte que si le créancier refuse la somme ou la *chose* offerte, le débiteur ne peut se libérer que par la consignation, et en suivant les formalités de l'art. 1264 du Code Napoléon, qui consistent, comme on vient de le voir, dans le cas où ce qui est dû n'est pas une somme, mais une *chose*, à demander au juge la permission de la déposer en lieu de sûreté.

Voilà ce que le fermier, et surtout son huissier *Langlet* et son conseil l'avoué *Chatonru*, devaient savoir, et ils méritent d'être blâmés et punis d'avoir jeté la paille dans la rue ; ou s'ils ne le savaient pas, ou s'ils voulaient méchamment faire le contraire, comme ils l'ont fait, M. le président devait, de son côté, lire l'ordonnance en la signant, et la conformer à la loi. Et c'est un malheur, j'ose le dire, qu'il en ait été autrement, quoiqu'il ne soit question que d'un millier de bottes de paille ; car cette action, outre le préjudice, a scandalisé tout le quartier, tous les passans, en encombrant la porte et la rue ; ceux qui connoissent ma situation et les vengeances que j'éprouve, n'ont pas manqué d'y trouver la preuve la plus forte des persécutions de la coalition dont je me plains, et dont je suis journellement victime. Je ne veux pas qualifier non plus ici cette coalition, comme n'a pas craint de le faire à l'audience un magistrat de Cour suprême ; je ne veux que faire connaître les faits , et laisse à chacun à penser à quel point sont portés les désordres dans l'administration judiciaire , et l'audace, la puissance des suppôts du Palais.

Ce procédé est si révoltant , qu'il s'en suivrait qu'on pourrait jeter toute espèce de denrées, même des œufs, dans la rue. L'ordonnance porte bien que l'argent sera porté à la caisse d'amortissement , si je ne le reçois pas ; pourquoi ne porte-t-elle pas qu'en cas que je ne reçoive pas la paille, elle sera déposée dans un lieu convenable? C'était parce qu'on voulait m'embarrasser, faire la méchanceté de la jeter dans la rue, même à l'entrée de la nuit , en commençant le samedi , et après avoir laissé écouler sans rien faire, le dimanche et le lundi, recommencer le soir du lundi , à la nuit, lors même qu'on avait une ordonnance dans laquelle , à cause de l'urgence , l'avoué avait mis quelle serait exécutée sur la minute. Y a-t-il , oui ou non , en cela malice évidente, et la véritable justice peut-elle s'empêcher de la punir ?

J'allai le 30 , sur la sommation , à la halle , pour recevoir le bled, que je reçus, et qui y fut laissé pour le vendre ; mais j'exigeai , autrement je ne voulais pas le recevoir, que les 2000 fr. argent , réduits à 1900 fr. par les contributions , me fussent remis en même-tems ; car l'huissier n'en parlait pas, et il disait que ce serait pour un autre jour la matière d'une autre sommation et procès-verbal qu'on irait faire à la caisse d'amortissement, parce que tout ne se fait que par perfidie et pour arriver à me fatiguer, et à tout dévorer par des frais. C'est aussi ce que je parviendrai un jour à faire cesser par la résiliation contre le fermier, et en faisant punir, pour l'exemple, quelqu'un de ceux qui l'aident, l'excitent à cette inconduite. C'est là tout mon but. La résiliation avec dommages, est le seul procès que je veux poursuivre contre ce fermier, en évitant tant que je puis d'en avoir d'autres avec lui.

Mais qu'a fait encore l'avoué Chatonru pour faire durer toujours le feu de paille ; il a imaginé de se faire laisser un pouvoir par le fermier Seigle, pour me citer en conciliation sur une demande en paiement de 705 f., savoir : environ 80 fr. pour frais du référé à la suite duquel on a jeté la paille dans la rue, et le surplus, est-il dit, qui est plus de 600 fr., pour dommages et intérêts pour le fermier qui a resté en ville, avec trois voitures, pendant les trois jours du samedi, dimanche et lundi, ce qui ne serait pas arrivé si, dès le moment de son arrivée, il m'eut délivré, comme je le demandai, l'argent, le bled et une voiture de paille, et qu'il eut déposé en lieu de sûreté les deux autres voitures qu'il m'était impossible de prendre. Et certainement dès qu'il déchargea déjà une voiture le samedi, qu'il pouvait renvoyer de suite et qu'il renvoya peut-être, les deux voitures à trois chevaux chacune et le séjour de deux hommes, qui restèrent méchamment le dimanche et le lundi jusqu'au soir, sans rien faire, qu'ils vinrent jeter la paille, ne firent pas 50 fr. de dépense ou de perte de temps de plus qu'ils n'auraient fait, parce qu'il fallait toujours venir porter la paille, sé- journer et s'en retourner, sans avoir le droit de se faire rien payer. Mais l'avoué a imaginé de faire un

procès pour demander 705 fr. ; et bientôt pour y défendre, les frais de part et d'autre, et faux frais, iront
bien à 2000 fr., sans compter la perte du temps, et
de la paille, et les angoisses et le scandale public.

J'allai moi-même au bureau de conciliation, le 27
avril, avec une intention telle, que je déclarai et fis
écrire que j'étois si bien *prêt à me concilier*, que j'offrais de m'en rapporter *à la médiation* du juge de paix,
et que de plus *j'offrais* pour toutes les querelles et
procès suscités au nom du fermier, présens et futurs,
de m'en *rapporter à l'arbitrage* du juge de paix, qui pouvait s'adjoindre le commissaire de police logé dans
la même maison, et prendre pour tiers celui des trois
plus anciens avocats du tableau qu'il jugerait à propos
et que je ne connais pas. A défaut, je me réservai tous
mes droits, surtout pour le paiement de la paille et les
dommages.

Voilà comme je suis processif. Après m'avoir fait
attendre si longtemps, que je fus obligé d'aller à
d'autres affaires, ce fut un sieur Brouard, logé rue
Montorgueil, n°. 71, même maison que l'avoué Chatonru, et qui est, dit-on, son clerc, qui vint : il lut
mon offre écrite pour la conciliation ; il dit : *je ne
veux pas de tout ça* ; il me faut un défaut, ou un certificat de non conciliation. J'ose dire que le juge de paix,
très-honnête, en fut indigné. Il représenta que j'avais
attendu, et qu'à son tour le clerc devait m'attendre. Je
revins, M. le juge de paix me déclara que l'on
ne voulait pas de la médiation ni de l'arbitrage que
je proposais ; et il écrivit la formule ordinaire, qu'il
n'avait pu concilier les parties.

Je fais observer ici que la loi de 1790, qui a créé

les bureaux de paix, porte « qu'il faudra que le certificat dise que le juge de paix a employé *sa médiation sans fruit* ; » et ici le certificat s'il porte qu'il n'a pu concilier, c'est lorsque je voulais faire ouvrir la médiation du juge de paix, en lui faisant entendre ce dont il s'agit pour former son avis, pour employer la médiation ; mais le clerc ne voulut pas de tout cela ; il empêcha le juge de paix de s'instruire. En un mot, le langage de ce clerc fut comme s'il avait dit : Monsieur, j'ai assigné en conciliation, mais je ne viens pas pour me concilier ; je viens chercher et payer un certificat de non conciliation, votre bureau n'est qu'une boutique de forme, et je veux faire un procès. Et en effet, ce procès a été fait de suite, en m'assignant devant le tribunal à mêmes fins que la conciliation.

Ainsi voilà un nouveau procès allumé toujours avec la paille de mon bail comme ceux qui existent depuis le commencement, et qui prouvent de plus en plus cette vérité, que la paille, quoi qu'on en dise, peut faire un feu éternel et faire même de l'or quand elle tombe dans les mains de certains alchimistes.

Il a été fait une notification, le 26 mai, à l'avoué Chatonru, du procès-verbal du commissaire, rédigé lorsque la paille fut jetée, en exposant tous les faits, en réitérant l'offre de médiation et d'arbitrage, et en protestant personnellement contre Me. Chatonru lui-même, à raison de sa passion, de ses méchans conseils et de son inconduite. Le procès-verbal est produit à la Cour de cassation dans une autre affaire. Nous en produirons une copie et l'exploit de notification. Le fermier a sa copie en forme, signifiée à Me. Chatonru.

Il faut donc défendre. Que dire ? Quelles conclusions prendre ? Voici celles que je crois les plus sages.

Je demande qu'il plaise au tribunal, d'abord par l'intérêt que j'ai de faire tout ce qui est en mon pouvoir pour montrer la calomnie atroce qui dit que je suis processif, qu'il me soit donné acte de l'offre que je réitère de m'en rapporter à la médiation du juge de paix, qui n'a pas été ouverte, ni par conséquent comme la loi le veut, *employée sans fruit* ; lorsque j'ai demandé de l'ouvrir, et c'est sur ce préalable, d'ouvrir la médiation, que le juge de paix n'a pu concilier ; sauf au ministère public à requérir, ou au tribunal d'office à pronoucer le rejet de l'instance, qui ne pouvait pas être engagée, d'après la loi, dès que la médiation du bureau de paix n'a pas été employée, ne voulant pas faire moi-même un incident à cet égard, pour éviter encore qu'on dise que je suis processif, sous la réserve de me plaindre à l'autorité suprême de la persécution constante que j'éprouve, et de l'inconduite particulière de l'avoué, surtout devant le bureau de paix, que de plus, il me soit donné acte de l'offre que j'ai faite au bureau de paix et du refus du clerc de l'accepter, ni même d'attendre que le fermier vînt pour la connaître et l'accepter ou la refuser lui-même, de m'en rapporter à des arbitres pour tous les procès suscités au nom du fermier.

Et dans le cas où, malgré cette observation préliminaire, le tribunal voulût juger, attendu que ni les lois, ni la raison ne permettent de jeter à la rue les choses dues à un propriétaire, quand il ne les enlève pas, ou qu'il ne veut ou ne peut les prendre lors qu'on les lui offre ; et que, dans tous les cas, suivant les articles 1264 du Code Napoléon, et 814 et 816 du Code de Procédure, *la chose* doit être déposée, en prenant la permission de la justice ; que d'ailleurs l'ordonnance de référé, si elle avait omis d'ordonner le dépôt, ne disait pas que la paille pourrait être jetée dans la rue ; et que les deux dernières voitures y furent encore méchamment jetées le lundi, à la nuit, après que le commissaire de police l'eut défendu le samedi soir, lorsque la première fut jetée, et que le fermier avait dit qu'il allait les déposer ; que la paille a été presqu'entièrement perdue, comme le procès-verbal du commissaire le porte ; que le procès fait au nom du fermier, en dommages et intérêts, est une vexation pleine de malice.

Débouter non-seulement le fermier de sa demande, mais encore le condamner à payer pour la dégradation et perte de la paille, frais et faux frais de déplacement et transport des débris, et pour dommages et intérêts, la somme de douze cents francs, dont six cents francs seront distribués aux pauvres de la rue Saint-Antoine, pour le scandale commis par le fermier, sauf à M. le procureur impérial à requérir telle condamnation qu'il jugera à propos contre l'avoué Chatonru, qui a conseillé, et l'huissier qui a fait jeter et périr la paille et encombré la voie publique, le lundi, la nuit, malgré les défenses du commissaire, du samedi, et sous ma réserve de faire valoir cette nouvelle inconduite du fermier parmi les moyens de résiliation du bail, le tout avec dépens.

2 *

Ai-je besoin maintenant de discuter et d'établir la justice de ces conclusions ?

Je n'en ai pas la force, et j'éprouve dans ce moment un trop grand accès de douleur de voir de plus en plus à quel point les suppots du palais avilissent les saintes fonctions de la justice, et leur calomnie qui va jusqu'à dire que c'est moi qui cause cet avilissement, quand je ne fais autre chose que d'invoquer les faits que je défie sans cesse de contester.

C'est encore aux faits qu'on vient d'entendre que je laisse ici le soin de me venger, et de dicter aux magistrats la sentence qu'ils nécessitent.

Et pour calmer ma douleur, ma tristesse du moment, qu'il me soit permis d'espérer et de dire que, dès que mes explications rendent ma défense tout-à-fait évidente et favorable, et font, en tous points, litière de raison, la justice ne souffrira plus que ma paille éternise un feu de procès et fasse une litière d'or pour les avoués, et pour moi une litière de paille.

Je laisse donc la paille pour passer au foin, en attendant le beurre.

PROCÈS DE FOIN.

Je ne vais, selon ma promesse, dire de ce procès qu'un mot, ainsi que de quelques autres.

Suivant le bail, le fermier doit cinq cents bottes de foin, portables à Paris, en vendémiaire ; et avec ce foin, depuis huit ans, à l'aide des malins conseils, en le portant, il a fait, comme on dit, les cent coups pour me tromper et me faire endéver.

Je n'ai besoin que d'un seul fait pour le prouver.

Un jour, et je crois que c'était en mai 1811, il arrive avec trois petites voitures de foin, et fait paraître chez moi un huissier qui me fait un acte d'offre, qui se dit pressé, et me prie de le dispenser d'attendre que le foin soit compté, et si je l'accepte, de lui faire décharge et qu'on le comptera ensuite. J'ai la bonté de croire cet huissier, et de faire ce qu'il me dit. Je laisse à mes domestiques le soin de recevoir et entrer le foin. Mais les charretiers étaient à-peu-près ivres, et il avait été comploté d'escamoter une charretée entière de foin ; et pour y réussir, pendant que deux déchargeaient et comptaient à tort et travers, le troisième va au marché, vend le foin de sa voiture, et laisse au cabaretier du fermier le soin de lui dire qu'il lui rendra l'argent du foin vendu. Mes domestiques s'apperçurent que la troisième voiture de foin avait disparu. Il y eut plainte. Il en résulta très-bien que le foin avait été escamoté et vendu, mais tantôt on disait que c'était le fermier qui avait monté le coup, tantôt on obscurcsissait cette prétention. Les charretiers furent arrêtés ; mais je vis avec plaisir que, quoiqu'ils eussent avoué avoir vendu le foin et détenu l'argent, on ne les regarda pas comme convaincus d'avoir abusé d'une chose à eux confiée par moi propriétaire, comme charretiers ; ils furent renvoyés au civil. Il a été question, à Melun, de faire payer le foin par le fermier ou les charretiers ; le fermier s'est enveloppé dans la décharge faite à l'huissier. Les charretiers étaient présens ; le méchant avoué qui les défendait est à Melun l'arcboutant de la coalition contre moi, et, sur son compte, j'ai déjà donné ailleurs quelques détails que je compléterai en temps et lieu.

Cet avoué qui a toujours le ton le plus haut, parce qu'il est le beau-frère du procureur impérial, soutint sur l'audience que le tribunal ne pouvait pas, ne devait pas interpeller les charretiers qui étaient présens, malgré que la loi dise que les parties peuvent se faire interpeller en tout état de cause ; il prétendit que la troisième charretée de foin ne dépendait pas des 5oo, tandis que le fermier, trompé dans son espoir que la voiture de foin serait escamotée impunément et sans plainte, n'a jamais alors ni encore osé prendre l'argent des mains des charretiers, parce qu'il a dit, dans la procédure, que la charretée de foin m'appartenait : et par cette perfidie qui réussit, les charretiers furent renvoyés, bien étonnés de ce qu'on leur laissait l'argent, qu'ils ont encore. Mais à cause surtout des frais énormes qui ont suivi cet escamotage, il y a un appel sur lequel, par un interrogatoire sur faits et articles, on fera à coup sûr répondre aux charretiers qu'ils ont l'argent, et ils finiront par dire qu'ils n'ont été que les instrumens et le jouet du fermier, pour se moquer de moi et m'enlever la charretée de foin.

Si quelqu'un se permettait de dire que la charretée de foin n'a pas été escamotée, ou qu'il n'est pas vrai que l'argent soit entre les mains des charretiers, et que le fermier a refusé de le prendre parce que la charretée escamotée m'appartenait, il n'y a qu'à me poursuivre comme calomniateur ; autrement, jusques-là, il faut croire que l'escamotage est vrai, et se faire du fermier et de ses conseils l'idée qu'ils méritent, et regarder comme certaine l'oppression dont je me plains.

PROCÈS DE BEURRE.

Mon bail porte que le fermier paiera à moi ou à mon agent habitant à Passy, deux livres de beurre et deux douzaines d'œufs par semaine, et deux pintes de lait par jour, ce qui en plate campagne est si précieux, qu'avec le pain, le jardinage et quelqu'autre bagatelle, il suffit à l'agent et à sa famille pour se nourrir.

Je me garderai bien encore ici de faire le détail des cent mille perfidies du fermier pour éluder, depuis huit ans, ce paiement, je dirai seulement ce qui s'est passé à l'égard des trois derniers agens.

L'un, qui ne s'était fait payer quelque temps qu'a-près avoir commencé un procès, fut forcé de faire un voyage à Paris, pour consulter une maladie de fistule, et laissa à Passy sa femme et sa famille; mais le fermier prétendit que par cette seule absence il était dispensé de rien payer à sa femme, qui aussitôt, comme on sent, déserta la maison de Passy avec ses enfans.

Un second agent reçut d'abord quelques bouteilles de lait et deux ou trois fois du beurre, mais jamais un seul œuf; chaque semaine il écrivait qu'on ne lui payait pas ses faisances, et surtout les œufs. Un huis-sier fut envoyé deux ou trois fois pour faire somma-tion et interpellation au fermier s'il voulait payer ou non à l'agent présent avec l'huissier devant lui; le fer-mier, suivant son conseil, resta toujours immobile sans vouloir articuler un mot; mais quand l'huissier se fut retiré, se moquant de l'agent, il lui dit : *Vous croyez que d'après le bail je dois du beurre, des œufs et du lait*; *il est bien vrai que le bail dit que je paierai ces objets, mais ce chien de bail ne dit pas que je paierai quand je n'en aurai pas.*

Est-il concevable qu'un fermier débiteur puisse se permettre de pareilles réponses envers l'agent du propriétaire, en le privant de ses alimens de chaque jour ?

Ce second agent, après m'avoir écrit plusieurs fois les railleries du fermier, qui se moquait de plus en plus de lui, pour le faire déserter, y réussit, et cet agent est encore à mon service dans une autre maison.

Le troisième, qui y est encore depuis trois ans, a fait faire différentes sommations au fermier, en lui notifiant sa commission d'agent et garde. Le fermier, après avoir long-temps réfusé, avait commencé de lui faire quelques remises de lait et de beurre, mais bientôt, parce que cet agent doit surveiller le fermier et me rendre compte de sa conduite, il lui déclara qu'il ne lui paieroit plus rien ; et il a tenu sa parole au point que lorsque ce malheureux garde a eu besoin de quelques gouttes de lait pour quelqu'un de ses nombreux enfans, le fermier le lui a fait payer.

Quand des sommations ont été réitérées de payer à l'agent présent avec un huissier, le fermier a été, selon sa malice, sans parole et sans vouloir rien dire, comme les exploits le constatent. Il n'est pas sans doute possible de faire davantage pour prouver le refus.

Quand on s'est pourvu au tribunal, l'avoué du fermier a imaginé de dire qu'il n'était pas suffisamment prouvé que le fermier eût refusé, et il a proposé et réussi à faire prononcer la décharge du fermier, quant à présent.

N'est-il pas vrai que rien ne serait plus propre à ré-
volter, à soulever d'indignation, si l'on n'était pas
contenu par la pitié ?

PROCÈS DE PARIS.

A la suite de ces infractions ouvertes et si auda-
cieuses des clauses du bail, qui ont donné lieu à diverses instances, j'ai cité en conciliation plusieurs fois
pour faire résilier le bail, et toujours des faits assez
nombreux ont été prouvés, et certains même convenus,
au point que si le fermier a été déchargé, quant à présent, de la demande en résiliation, ce n'est que parce
que le tribunal, malgré la loi qui dit qu'il ne pourra
qu'une fois se borner à des dommages, qu'à la seconde
fois il devra prononcer la résiliation, s'est contenté de
le condamner deux fois à des dommages et intérêts à
dire d'experts ; et chaque fois le tribunal a nommé
pour experts trois fermiers qu'il n'a pas été possible
jusqu'ici de faire changer. En attendant, le fermier a
nécessité une nouvelle instance vers la fin de 1811, en
résiliation.

Pour faire cesser la multiplication de tous ces procès,
je donnai ordre d'en demander la jonction, parce qu'il
est sensible que les diverses instances d'inexécution du
bail, sont tout à fait connexes avec celle en résiliation,
qui en est la conséquence.

Mon grand intérêt de réduire tous les procès à un
seul, m'excita à me trouver à l'audience à Melun, le
jour de la plaidoirie. Je pris la parole, et j'expliquai

en deux mots la connexité de l'instance en résiliation avec les instances d'inexécution des clauses du bail, qui d'ailleurs se trouvaient toutes, entre les mêmes parties, devant le même tribunal, et cette demande était, comme elle le sera pour tout le monde, de toute évidence.

Mais l'avoué du fermier s'y opposa, pour conserver la multitude des procès. Je serais bien en peine de répéter ce qu'il dit, car sachant bien qu'il ne pouvait rien dire de raisonnable, je ne l'écoutai pas.

L'audience était présidée par un bourgeois, fils d'un notaire de Paris, qui jusqu'à l'âge de près de 40 ans ne s'était pas douté qu'il deviendrait juge ; mais après avoir été quelques mois magistrat de sûreté, il fut nommé vice-président, il y a deux ans, parce que son parent est dans la même ville substitut criminel. Ce vice-président demanda à l'avoué du fermier quel était son motif pour s'opposer à la jonction ; l'avoué répondit : *attendu qu'il n'y a pas connexité*. Aussitôt le vice-président prononce : *attendu qu'il n'y a pas connexité, le tribunal déboute de la demande en jonction.* Cela s'est passé en pleine audience. Je n'ai donc pas pu réduire alors tous les procès du fermier à un seul, comme on a vu que je n'ai pas pu, dans le procès de la paille, faire consentir à la médiation du juge de paix, ni à un arbitrage de tous les procès. C'est pourtant moi qu'on appelle processif. Mais le jour où je serai sans pitié et sans patience, n'aurai-je pas le droit de dire à ceux qui m'en appellent, qu'ils sont des arlequins qui donnent leurs noms aux autres, et tout à la fois des brigands qui m'inquiètent, me pillent moi et mes enfans ?

Mais voici ce qu'il y a de plus aimable. On venait de plaider cet incident de jonction, à la suite des exploits introductifs de toutes les instances, et toutes nullités possibles dans ces exploits étaient couvertes ; car ces exploits étaient dès lors si inattaquables dans leur forme, qu'ils étaient nécessaires pour les qualités du jugement de refus de jonction.

Cependant, dans le même instant, à la même audience où ce jugement sur la jonction venait d'être prononcé, l'avoué du fermier propose et plaide pour me faire tout recommencer, un incident en nullité de l'assignation en résiliation, en disant que l'exploit porte que je suis domicilié Vieille rue du Temple, n. 145, sans qu'il y ait le mot *Paris*, et qu'il peut y avoir quelqu'autre rue de ce nom dans le monde ; qu'ainsi mon domicile n'étant pas suffisamment désigné, l'exploit est nul. Aussitôt presque tous les avoués se réunissent, se groupent autour du confrère chicaneur ; l'un lui souffle quelques mots, l'autre lui cherche dans un livre les chicanes sur les domiciles ; tous disent qu'il a raison.

Je réponds paisiblement que c'est d'abord une nullité sans grief, puisque cet avoué, en se constituant et dans les autres actes à la suite de l'exploit, m'avait qualifié domicilié à *Paris*, Vieille rue du Temple ; puis que la citation et le certificat de conciliation, antérieurs à l'assignation, portent mon domicile avec le mot *Paris*, et que cela suffisait dans la raison et la jurisprudence de la cour de cassation, qui n'exige qu'un acte qui fixe bien le domicile ; puis que la nullité était couverte, n'ayant pas été proposée avant la plaidoirie et le jugement sur la jonction ; puis, etc.

Un jeune substitut, qui se trouvait précisément à

l'audience, du même côté et contre le barreau où le groupe des avoués coalisés était rassemblé, au lieu, selon son devoir, de réclamer la dispersion et le silence de ce groupe scandaleux, et de s'élever contre cette évidente chicane, n'eut rien de plus pressé que de plaider et conclure, avec la plus grande partialité, que la nullité était fondée. Il fallut crier et se mettre presqu'en colère, et mon avoué même, je dois le dire, indigné avec la plus grande raison contre ses confrères, s'emporta pour crier de son côté, et pour éviter que de suite le vice-président, sans expérience, ne prononçât comme venait de le faire le substitut, qui est en pension et loge chez lui.

. Je demandai le renvoi à huitaine, offrant de rapporter contre cette chicane une consultation des plus fameux avocats de la capitale. On n'osa pas, dans ce tumulte, refuser le renvoi, parce que d'ailleurs le président avait besoin de temps pour trouver les motifs. Tout cela s'est passé encore en pleine audience, et je défie qui que ce soit de contester cette scène, qui seule met en évidence la coalition qui m'opprime.

Je revins à Paris, je fais un mémoire à consulter, je prends l'avis de trois avocats, qui trouvent chacun de mes moyens péremptoires contre la nullité, et qui, dans leur indignation, me disent hautement que j'ai affaire à des g.... coalisés qui veulent me ruiner, qui se moquent de moi et qui sont soutenus.

Je fais imprimer le mémoire et la consultation, et je l'envoie ; je dépensai pour les frais et le voyage une centaine d'écus, et perdis mon temps dans l'inquiétude.

. Le tribunal n'a pas, pour le coup, pu se dispenser

de prononcer la nullité avec dépens ; mais qui n'ont été que ceux d'une requête et plaidoierie de mon avoué ; car je ne pouvais pas répéter mes faux frais, et c'est toujours ce qu'on demande, de m'enlever mon temps et me faire faire de fausses dépenses.

Quand j'ai demandé mille fois l'expédition du jugement de refus de jonction, pour l'attaquer et faire réunir tous les procès en un seul, et couper ainsi, dans cette occasion, les vivres aux chicaneurs, ce jugement ne s'est pas trouvé sur la feuille d'audience, et la lettre que mon avoué vient encore de m'écrire, le   juin courant 1813, porte que l'on a omis de l'y coucher. Est-ce méchanceté ou négligence ? Je ne prononce pas, afin qu'on ne dise pas que je veux avilir personne ; mais en pareil cas l'un est aussi préjudiciable que l'autre.

Voilà comment on me traite, comment on se coalise impunément, comment avec la seule omission du mot *Paris*, dans un des mille actes d'une procédure où ce mot est sans cesse répété, et sans que cette omission ait nui à personne, l'on a tenté de faire anéantir une procédure entière, et employé ce moyen avec tant d'autres pour me ruiner.

PROCÈS DE PASSY.

Mon bail porte que le fermier fera de *Passy* à *Paris* six charrois pour porter et reporter ce que je jugerai à propos.

Depuis huit ans il n'a pas été possible d'obtenir un seul de ces charrois.

Il était pourtant naturel que tous les ans le fermier me portât à Paris surtout mon bois à brûler, qu'on coupe dans l'enclos à côté et contigu à la bâtisse même de la ferme. Les agens l'ont requis mille fois de venir tel jour charger du bois ; il y a eu même à cet égard des sommations par huissier.

Savez-vous ce qu'il a toujours répondu verbalement et par écrit, même en faisant des actes que je puis produire, dans lesquels il faisait offre réelle d'autres objets ? Il a dit que le bail portait bien qu'il ferait les six charrois de *Passy* à *Paris*, mais que le mot *Passy* ne devait s'entendre que de la bâtisse de sa ferme, et non pas des terres ou bois contigus à la ferme ; qu'il ne devait pas aller sur ces terres ou bois avec ses voitures pour y charger le bois que je voulais faire porter à Paris ; que c'était à moi à avoir d'autres voitures pour commencer par faire porter le bois dans la cour de la ferme, et que ce ne serait qu'alors qu'il serait obligé de les prendre pour les voiturer à Paris. On n'a pas été, comme on a vu, plus avancé quand on lui a dit de porter au moins de la paille qui devait être prise dans les granges même de la ferme aux dépens de ces charrois, puisqu'alors il a fait la chicane de dire qu'il fallait plutôt aller compter et recevoir la paille chez lui, afin que si elle se brûlait en chemin, elle ne fut pas pour son compte : et on sait que lorsqu'on y est allé plusieurs fois pour recevoir, il n'y a pas eu de paille ; qu'il s'est moqué de mes agens en leur disant qu'il s'en procurerait et qu'il porterait à Paris celle qu'il doit des trois années avant l'an 1813. Ce que non plus il n'a pas fait.

On conçoit bien que ces odieuses et misérables subtilités , qui montrent en même-temps la plus affreuse mauvaise foi , sont inspirées et dictées au fermier qui , quoique bien enclin lui-même à toutes les chicanes , ne les imaginerait pas toutes avec tant de malice , s'il n'était pas conseillé et apuyé.

S'il a occasionné à cet égard , dans le temps , un procès , ce n'est qu'au commencement de cette année et dans un instant où la Cour de cassation venait de faire en ma faveur un acte éclatant de justice , qu'on a prononcé une chétive condamnation cotre le fermier , de six cents francs pour les trente-six charrois refusés pendant six ans avec tant de moquerie ; tandis que le fermier , par son dernier procès , a l'audace de demander lui-même sept cents cinq francs , parce que lors de la remise de mille bottes de paille de l'an 1813 , portables à Paris , il a été , dit-il , retardé pendant deux jours , qu'il a même volontairement perdus , lorsqu'il a eu la malice de jeter la paille dans la rue.

Jugez si on lui devait à lui six charrois par an depuis huit ans , ce qu'il demanderait , et quel train , quel procès il ferait ?

Si les propriétaires n'ont pas leurs fermiers dans leur dépendance , et ne peuvent pas les forcer à être honnêtes , ils doivent être mis au moins à l'abri de leurs malhonnêtés et de leurs fourberies. Je ne veux point réciter à quel point ce fermier s'est oublié , toujours par les mêmes conseils , et surtout deux fois quand j'ai été dans la ferme , quelles menaces il m'a faites , à quels excès il s'est porté , suivant diverses preuves écrites que je puis produire , et la prudence que j'ai eu depuis cinq ans de n'y plus mettre le pied jusqu'à ce que je l'en aurai fait sortir.

PROCÈS DE TOUTE LA TERRE.

La ferme est composée de 409 arpens de terre. Il y doit faire 200 arpens de luzerne, et doit diviser le reste en soles. Il a presque toujours mis *toute la terre* en récolte et surtout en fourrages. En 1810, toute la terre, à l'exception de neuf arpens, était couverte de grains ou de fourrages. Il fut sommé et forcé de déclarer, par acte d'avoué à avoué, combien il avait de terre en jachère pour semer du bled en 1811, sans quoi il allait être fait une vérification. Il déclara qu'il n'en avait que 20 arpens ; et même dans la vérite il n'en avait que 9, parce que c'était dans le moment qu'il défrichait une pièce de luzerne de 11 arpens, sur laquelle il n'aurait pas dû faire du bled, mais plutôt y faire au moins, pendant deux ans, de l'avoine. C'est du reste la manie de son avidité d'épuiser ainsi les terres contre le texte du bail et des deux jugemens, qui se sont contentés, au lieu de résilier, de le condamner à des dommages, à dire d'autres fermiers, ce qui a rendu la condamnation jusqu'ici inexécutable et illusoire. Cette année même, parce que le bled a renchéri et que les fourrages ont diminué, il s'est permis de semer du bled immédiatement sur la luzerne ; mais sa récolte aussi est mauvaise, et il n'épuise pas moins toute la terre de la ferme. Qu'on juge s'il n'est pas bien important d'arrêter les attentats de ce fermier, et de l'en punir en attendant qu'il soit expulsé.

PROCÈS, etc.

Il y a bien d'autres procès et matière encore à en faire, si tout mon but et mes efforts n'étaient pas de les réunir tous en un seul, qui est celui de la résiliation ; car lorsque mon garde a requis le fermier de travailler six arpens de terres réservées, comme le bail le porte, et dont il me fait perdre la récolte en les laissant incultes, lorsqu'il lui a défendu de laisser aller des bestiaux sur des gazons qui sont au milieu des bois, qu'alors les bestiaux ravagent et dégradent, de ne pas couper des bois qui ne dépendent pas du bail, etc., il a répondu, même dans les procès-verbaux du garde, *qu'il le faisait exprès, parce que cela ferait des procès*, etc. Et c'est encore, malgré cela, moi qui suis appelé processif ! mais, patience !

Qu'on se rappelle, enfin, ce que j'ai dit plus haut, que le procès de la paille, auquel je viens de défendre, ne serait pas le dernier causé par ce fermier. J'ai si bien dit la vérité, qu'aujourd'hui même 26 juin, il est venu, après un commandement qu'il nécessite toujours, faire un acte d'offre de 1900 fr. argent, et 25 hectolitres bled ; j'ai répondu brièvement, et je ne pouvais rien dire de plus pacifique, de plus juste, que j'étais prêt à recevoir, et qu'il n'y avait qu'à faire mesurer le bled qui était sur une voiture dans ma cour ; car c'est bien au débiteur, sans doute, à faire mesurer et prouver qu'il porte la quantité qu'il doit — j'ai ajouté si mieux il n'aimait le porter à la halle à son propre facteur, comme

cela a été fait plusieurs fois, qui le recevrait pour vendre, et auquel il n'y a rien à payer pour dépôt, il n'y
a que sa commission de vente qui me regarde. Mais pour
chicaner, il a prétendu que ce n'était pas à lui, fermier,
à faire faire et payer le mesurage.

Cependant il a déclaré qu'il allait porter le bled à la
halle ; mais quoique cela ne fît rien à l'article de l'argent, il a eu la malice de ne pas vouloir que l'huissier me laissât l'argent. Il a fallu l'assigner en référé
pour faire ordonner que provisoirement l'argent me serait remis, et cela ne pouvait pas être refusé ; mais en
l'ordonnant on a éludé de dire provisoirement, que c'é-
tait au fermier débiteur à faire ce mesurage, et à le
payer, parce qu'on veut toujours laisser du louche pour
l'avenir, pour renouveller les querelles à chaque occasion, et le fermier n'a pas voulu que l'huissier remît,
sans faire des frais d'expédition et signification de l'ordonnance de référé, pour me retenir malicieusement
plus long-temps l'argent qu'il tient encore.

C'en est assez pour le moment. Je ne doute pas, quand
il n'y aurait pas de milliers d'autres vexations au nom
même de divers avoués, que l'opinion sur ce fermier et
ses instigateurs, ne soit formée, et tôt ou tard la justice
ne manquera pas de l'atteindre. Elle commencera pro-
bablement dans le procès de la paille.

Si, pour soutenir mes forces dans le récit de ces dou-
loureuses scènes, et ne pas succomber à l'affliction insé-
parable de tant d'iniquités, je suis forcé, et l'on ne peut
pas m'en blâmer, de ne pas écrire toujours dans un
style sérieux, je finis au moins toujours gravement par

représenter, qu'il est encore plus de l'honneur des magistrats, que de mon intérêt, de mettre un terme, je pourrais dire à ces indignités, mais je dis seulement à tant de scandale.

SELVES.

De l'Imprimerie de NICOLAS-VAUCLUSE, rue Neuve Saint-Augustin, n° 5.

LETTRE

A Son Excellence le Ministre des finances,

Sur les persécutions de certains employés au nom de la Régie.

~~~~~~~~~~~~

MONSEIGNEUR,

Il est sans doute impossible que Votre Excellence lise tous les papiers qui entrent au ministère à son adresse ; mais il en est qu'elle ne peut se dispenser d'examiner, surtout lorsqu'ils doivent être imprimés, et qu'ils l'intéressent personnellement.

J'ai eu l'honneur, il y a quelques mois, de demander à Votre Excellence un rendez-vous pour lui expliquer en deux minutes l'inconduite et les persécutions de certains employés de la Régie, qui secondent les vengeances des hommes du palais, parce que j'écris contre les désordres de l'administration de la justice. Je voulais dire à Votre Excellence qu'un seul mot d'elle suffirait pour arrêter le mal que cela fait aux finances, bien plus qu'à moi ; mais, quoique supérieure de l'administration de la régie, Votre Excellence crut pouvoir se borner à me répondre que je devais m'adresser aux tribunaux, c'est-à-dire, qu'il faudrait qu'en ce genre je fisse des procès pour me faire appeler de plus en plus *processif*, et quand je n'ai jamais fait que me défendre, et lorsque je n'ai pu absolument m'en empêcher. Depuis, les choses sont
~~~~~~~~~~~~

différentes, au point qu'un arrêt de la Cour de cassation, du 21 juin, a confirmé deux arrêts solennels des chambres de Rouen, qui, sur un renvoi de la Cour de cassation, ont jugé tout autrement que la Cour de Paris, et ont articulé plus de mille prévarications et concussions presque habituelles, qui se commettent à la Cour royale de Paris. Au lieu de 15,000 fr. que demandait l'avoué Boudard, sentinelle des autres, il a été condamné à rendre 1,374 fr., à cause de ses procédures six fois trop volumineuses, et la plupart supposées et n'existant pas. Il a été trouvé dans ses pièces des minutes par lui enlevées du greffe de Paris; et, pour les y renvoyer, la Cour de Rouen les a fait saisir par son greffier. Les arrêts de cette Cour prononcent, en plusieurs endroits, que les pièces prouvent des combinaisons répréhensibles entre les avoués, des concerts frauduleux, des prévarications d'un nouveau genre, telles, par exemple, que non seulement les actes supposés avaient été alloués à Paris, mais les arrêts indiquent des requêtes supposées grossoyées, des centaines de copies sur papier timbré ayant servi deux ou trois fois, et dont l'une, indiquée d'abord pour quarante-six rôles, a été, de concert entre l'avoué demandeur et l'avoué taxateur, passée pour soixante-dix rôles; et, il faut oser le dire, l'avoué demandeur était le sieur Boudard, l'avoué signataire des taxes a été le sieur Ranté. Les arrêts condamnent Boudard à 6000 fr. de dommages-intérêts et à l'impression et l'affiche de cinq cents exemplaires à ses frais.

Il eût été imprudent, avant cet arrêt de la Cour de cassation, qui confirme ceux de Rouen, de me roidir contre la Cour Royale de Paris, parce qu'on disait que les arrêts de Rouen n'étaient que des actes de rivalité entre ces deux Cours, et qu'il fallait attendre qu'en cassation on eût prononcé; et la moindre critique que la Cour de cassation eût faite aurait suffi pour me rendre défavorable; mais les mille dispositions et plus des arrêts de Rouen ont été maintenues, sans blâmer une syllabe; et le courage que j'ai eu pendant onze ans de supporter mon martyre, les calomnies et les méchancetés, et de dépenser plus de 50,000 fr., se trouve aujourd'hui couronné, et vérifie le langage de plusieurs membres de la Cour de cassation, qui a été de dire que ce qui se passait contre moi était l'œuvre de l'iniquité, un scandale public, et une véritable calamité judiciaire, et qu'il y avait brigandage de la part de ceux qui faisaient les propositions, et archi-brigandage de la part de ceux qui étouffaient la justice, et qui les sanctionnaient.

Je déclare bien aussi que j'appellerai *brigands* et *archi-brigands* ceux qui, à l'avenir, oseraient m'appeler *processif*. Je le ferai avec d'autant plus de raison, que j'ai dans les mains des pièces qui prouvent que quand j'ai encore à deux cents lieues six domaines, on n'y a jamais entendu mon nom dans aucun tribunal ; et que divers défenseurs des plus distingués dans le ressort de Paris m'ont souvent dit et écrit qu'il était inutile de me défendre, parce que tous les meneurs, aidés des faibles, faisaient corps et majorité contre moi.

Ce qu'il y a de plus terrible, c'est que depuis cet arrêt du 21 juin, qui autorise à soutenir désormais tout le mal constaté par les arrêts de Rouen, et directement propre à la Cour Royale de Paris, parce qu'elle avait sanctionné successivement toutes les concussions, et quand elle devrait reconnaître qu'elle ne peut plus me juger, et qu'elle devrait s'abstenir, ou me faire au moins à présent justice, elle continue à favoriser les mêmes concussions, au point que parmi plusieurs iniquités depuis l'arrêt du 21 juin, elle en a rendu plusieurs tout-à-fait répréhensibles, contraires aux faits, comme cela sera expliqué en temps et lieu. Il suffit de dire ici que le 13 juillet je prenais des conclusions pour demander acte des arrêts de la Cour de Rouen, et surtout de leurs expressions, qui disent qu'il y a combinaisons répréhensibles, concert frauduleux, etc., entre les avoués contre moi ; que je suppliais la Cour de donner acte aussi que je ne pouvais ni ne voulais plus plaider devant elle, à cause de mes infirmités, ni trouver des défenseurs contre des confrères ; que la tâche que je m'étais imposée depuis 20 ans était finie par les arrêts de Rouen et celui de cassation ; que j'y avais perdu mes yeux et mes dents, et presque toutes mes forces physiques, et la plupart de mes biens, et que si elle ne voulait pas s'abstenir, je mettais mes pièces sur le bureau, pour qu'elle jugeât sans autre plaidoirie de ma part. Mon avoué lut ces conclusions, n'osa pas les signer, et demanda l'ordre de la Cour. L'avocat-général et la Cour prétendirent que l'avoué ne devait pas les signer, et elle renvoya à huitaine pour en faire d'autres, et plaider. Je ne dis pas, pour abréger, quelle a été la prévarication commise à la huitaine. Je fais remarquer seulement que ce fut là une interception de défense, un déni de justice, une prévarication qui ne trouverait nulle part d'exemple. Je crois aussi qu'elle suffira pour étouffer la prévention et la fatalité, qui ont fait dire, surtout à la Cour de cassation, que je ne présentais que les mêmes faits pour le renvoi par suspicion légitime, comme on ne dira plus qu'il faut attendre le jugement du pourvoi contre les arrêts de Rouen, qui, par le rejet du 21 juin, sont mille fois trop suffisans pour ce renvoi.

Je devais ces préliminaires à Votre Excellence. Aujourd'hui je viens lui faire une autre prévenance, qui doit être nécessairement plus heureuse que la première, surtout par rapport à elle-même. La malice est portée au comble, même au nom de la régie, par des oppositions mobiliaires et des inscriptions hypothécaires, continuées sur tout ce que je possède, et jusque sur mes plus chétives créances.

La dernière opposition a été faite entre les mains d'un receveur de l'enregistrement, pour empêcher la restitution à mon avocat à la Cour de cassation d'une amende d'environ 150 fr., et il a été formé une instance en validité, et auparavant il y avait et il y a encore opposition sur mes fermages de la Brie, comme il y a inscription hypothécaire sur tous mes biens, que la méchanceté a étendues encore sur six domaines que j'ai à 200 lieues, et à Montauban, ma patrie.

Si Votre Exellence demande la cause de ces horribles vexations, je lui dirai qu'à peu près je n'en sais rien, au moins en détail. Je sais seulement que c'est pour quelques chétives amendes et quelques frais qui ne sont pas même liquidés, par exemple, pour deux arbres de bois blanc, morts, coupés, non pas même sans permission, mais avec une permission prétendue incompétente. Je n'en ai vendu 1000 autres pareils, quoique bien vivans, qu'à 18 fr., et l'on a estimé les deux morts à 141 fr., pour avoir occasion de décerner une amende du triple et accessoires, faisant environ 600 fr., et saisir tous fermages, assigner les fermiers tiers dessaisis, ainsi que moi, etc.

On parle aussi d'autres amendes pour doubles droits des divers jugemens préparatoires dont on laisse expirer le délai du double droit, etc.; ce qui n'arrive qu'à moi, parce que pour les autres, les avoués les évitent, et souvent chaque double droit de 6 fr. donne lieu à des contraintes, à des commandemens, etc.

Je crois que tout ce qu'on demande aujourd'hui, et qui recommence chaque jour, est de 3 ou 4,000 fr., y compris même environ 3000 fr. de frais arbitraires et non taxés. J'ai eu beau dans le principe prendre le parti de payer en réservant la révision de la persécution. Sur les mémoires que j'ai présentés à l'administration, M. Barairon faisait toujours espérer l'examen; il avait même nommé un administrateur pour en faire le rapport. C'était M. Bochet, que je n'ai jamais pu aborder.

Il y a à examiner les avertissemens que j'ai osé donner à la régie, surtout à M. Gentil père, directeur, qui m'en a tant remercié par sa correspondance, et dont le fils m'a ensuite tant maltraité et me maltraite, en trahissant avec quelques autres employés les intérêts du trésor au profit des officiers ministériels.

Le premier avis que je donnai était en 1814, pour 80 et quelques requêtes, dont 42 supposées grossoyées, vingt environ de plus par mon avoué, les enregistremens, les écritures, le papier timbré supposé employé, etc.

Dans une autre affaire il me fut demandé, et je fus condamné à payer environ 24,000 fr. pour des concussions telles que l'avoué demanda et obtint quelques articles de prétendu em-

ploi de papier timbré d'affiches , d'expropriation ou procès-
verbaux , montant à environ 6000 fr., sans qu'il me fût
possible de voir les pièces, ni les compter, en le soutenant
dans la quittance notariée, lors de laquelle je le défiai de
montrer aucune quittance d'imprimeur. J'eus même de la
peine à faire insérer mes réserves, que je n'ai pu encore utiliser. Tout ce que je dis, quelqu'incroyable qu'il paraisse,
n'est pas moins justifié par les pièces.

Il y a eu entr'autres affaires une demande en paiement de
40 fr. pour prix de dix milliers de plans supposés arrachés
en présence d'un employé par quelqu'un de mes agens dans
la journée du 13 avril 1810, ce qui était tardif et physiquement impossible; et la saisie de tous fermages, l'inscription
hypothécaire, tout fut mis en usage pour ces misérables
40 fr.; tous consentemens à ce que mon fermier payât furent
inutiles; on lui fit verser d'abord 300 fr., on recommença
sous prétexte d'insuffisance; on me fit courir deux ans pour
avoir la main-levée de l'inscription, sans savoir ce qu'on demandait encore, et ce ne fut que sur l'audience, en réalisant
15 fr. de plus, qu'elle fut prononcée. Les pertes de temps, le
préjudice, furent incalculables, et on comprend qu'il a fallu
laisser là toutes les suites.

Je ne veux pas fatiguer Votre Excellence par d'autres détails.
Depuis près de 20 ans, mon courage a sauvé au trésor peut-
être plus de 40 millions. Des surveillans avaient été apostés
au palais pour prévenir les suppositions, et forcer à payer les
droits.

Le directeur du timbre, Aubry, qui s'est suicidé, et qui
était venu à moi pour m'encourager, avait envoyé des centaines de procès-verbaux de contraventions au parquet du
procureur du Roi, où ils ont été presque sans cesse étouffés,
comme d'autres poursuites que faisait M. Gentil, père.

Le 5 novembre 1811 il en fut étouffé une infinité, moyen-
nant quelque chétif sacrifice de plusieurs avoués, et une
lettre de votre ministère de ce jour-là osa même ordonner
que ce serait moi qui serais poursuivi pour des amendes
très-nombreuses, causées par des fins de non recevoir, prises

des acquiescemens malicieux de mon avoué à des taxes de
centaine de requêtes, coutre lesquelles il n'avait pas voulu
faire des croix, selon la forme de l'ordonnance de 1667, et
j'avais essayé de les faire moi-même. Je m'étais même pourvu
en cassation ; cinq pourvois avaient été admis ; mais les
avoués soutinrent que dans tous j'étais non-recevable, parce
que j'avais fait les croix moi-même sur les articles, et qu'il
n'y avait que mon avoué qui aurait pu les faire. Ce fut à
cette époque que je dis ce qu'on a tant répété : que *quand
une seule croix fait fuir tous les diables, je n'avais pas pu,
lorsque j'en avais fait plus de 500, faire fuir un seul avoué.*
Il a fallu payer des sommes pour éviter la vente de mes
meubles.

M. Gentil, père, forcé de suspendre les poursuites contre
des avoués par la lettre ministérielle du 5 novembre 1811,
avait dit qu'il perdrait son nom, ou qu'il ferait rétracter
cette lettre ministérielle en ce qui me concernait, parce que
de pareilles lettres ne peuvent pas arrêter les poursuites pour
les droits du trésor; mais ce brave père est mort, son mauvais fils l'a remplacé, il s'est ligué avec mes ennemis, il m'a
fait mille vexations, jusqu'à venir saisir plusieurs fois mes
meubles en mon absence, tantôt pour 5 fr. 70 c., tantôt pour
54 fr., dans une affaire où j'en avais consigné 60. J'ai bien
trouvé, à force de cris, un instant de justice pour faire casser
ces saisies, et ordonner la restitution de 6 fr. que la régie
tenait de trop; mais j'ai dédaigné de faire expédier les jugemens pour éviter des frais à la régie; ce fils, et traître à ses
devoirs, s'est oublié jusqu'à dire dans ses mémoires contre
moi que la régie n'avait pas besoin de mes avertissemens,
qu'elle savait assez découvrir elle seule les torts qu'on lui
faisait. Pour lui prouver le contraire, j'ai donné avis sur l'instant qu'un avoué faisait usage à mon préjudice, sous les yeux
de la régie, dans divers actes, d'une délégation de 54,800 fr.,
dont le double, que j'aurais pu avoir, avait été brûlé à la
bougie du notaire Herbelin, par lui et dans son cabinet, et
que les avoués s'étaient partagé cette somme. J'avais indiqué
l'avoué Lefebvre Daumale, qui avait livré la pièce pour la

brûler, et il avait eu 12,000 fr., suivant les aveux, et les quittances rapportées. L'enregistrement, le double droit et accessoires étaient un objet d'environ 7 à 8000 fr. Ce directeur fut obligé de faire faire la descente; et malgré que le second double de la pièce ne fut pas trouvé, on découvrit des actes portant des énonciations qui donnèrent lieu à environ 800 fr. de droits; depuis, comme de raison, selon la perversité du jour, les cruautés contre moi n'ont fait qu'empirer, et partout je suis couvert d'oppositions et d'inscriptions, inutiles à éteindre, comme je l'ai éprouvé, puisqu'elles recommencent sans cesse; et Votre Excellence sait que quand je m'en plains, on me dit, comme elle l'a fait elle-même, que quand j'aurais rendu les plus grands services au trésor, et fait entrer des millions sans nombre, et quoique cela ait causé mon mal, je n'ai qu'à payer ou à aller devant les tribunaux, et plaider.

Mais, Dieu merci, comme je l'ai déjà dit, depuis le 21 juin dernier, les choses ont totalement changé, et il n'y a plus qu'à publier que ce n'est pas moi, mais que ce sont les pillards qui sont processifs, et qui m'accablent de procès et de chagrins, et ne pouvant éteindre ma voix, veulent étouffer ma personne.

Incessamment un écrit démontrera encore mieux qu'ici que c'est à Votre Excellence à arrêter les pillages, et elle le fera, parce qu'elle ne voudra pas sans doute que des Français puissent dire qu'elle les trahit, en lui trouvant des torts qu'elle ne réparerait pas.

En attendant, aujourd'hui même, 14 août, la dernière cause en validité de saisie-arrêt a été appelée, j'ai fait demander la jonction de toutes les causes, pour la main-levée de toutes oppositions et inscriptions, en restreignant tout au plus le tout à une inscription hypothécaire sur le principal domaine, cent fois trop solvable pour les 3 ou 4000 fr., et je voulais qu'au moins provisoirement cela fût prononcé, comme il l'a été dans plusieurs occasions vis-à-vis de divers avoués persécuteurs, et inscrits pour des frais venant de leurs concussions. La cause a été renvoyée à huitaine, et au fond je demande toute révision des persécutions, et 50,000 fr. de dommages intérêts, quand j'en ai déboursé plus de 100 mille pour la régie, à laquelle j'ai fait du bien pour plus de 100 millions, et qui peut bien me les payer, pour encourager en même temps ceux qui oseraient m'imiter et publier les pillages de cette partie des impôts, qui, en écrasant le peuple, le désolent par la lèpre des procès.

Je ne citerai pas ici les lois qui qualifient les vexations que je viens d'indiquer. Je me contente de dire que, dans des consultations faites sous des noms empruntés, les avocats ont trouvé que lorsque de pareils forfaits étaient commis au milieu des prévarications et des trahisons des hommes chargés au contraire de les empêcher, et de défendre les victimes, tout était nul, et devait être jugé de nouveau, et que les expressions de la loi du code *de advocato*, sont ici très applicables, quand elles disent *si patronum causæ prevaricatum dixeris et probaberis, denuò de requæretur*. Les consultations vont jusqu'à dire que les trahisons des défenseurs pour ou contre sont pires que celles du gendarme qui tue, et du pharmacien qui empoisonne.

Tous les bons Français approuveront que je donne à Votre Excellence ces avis, pour en faire les profits du trésor, et chasser les employés qui favorisent les pillards, et afin que ce soit Votre Excellence même qui me fasse justice, en évitant le scandale des plaidoiries qui rejaillirait aujourd'hui sur sa personne, et qu'en attendant Votre Excellence donne ordre à l'avoué de la régie de consentir mardi prochain, sinon à toute main levée d'oppositions et inscriptions, à ce qu'elles soient restreintes au moins provisoirement à l'inscription hypothécaire sur mon principal domaine, cent fois trop suffisant pour en répondre; car ni mes fils, ni mes gendres, ni moi, n'avons ni places, ni retraites, et ne recevons rien du trésor, et nous sommes, au contraire, pillés, malgré nos travaux, et surtout les miens. Il faut bien que je reçoive quelque obole pour avoir du pain pour vingt enfans et petits enfans, et pour plus de 100 ouvriers; car pour moi, je trouverais que la mort ne vient pas assez vîte, si je n'avais encore, malgré mon martyre, le vif désir et quelques instans de force pour continuer d'être utile à mes semblables.

J'ai publié deux écrits, l'un intitulé *l'Enfer des Français dans ce monde*, qui justifie l'infamie des tournures qui rendent les suppôts du palais maîtres de la quantité des frais, des taxes et des juges, comme mille traits d'histoire nous apprennent qu'ils l'ont été si souvent des ministres et des rois, ainsi que l'avait prédit Louis XII, en disant que les suppôts du palais tueraient la monarchie. Nous l'avons vu encore de nos jours lors de la révocation de la chambre royale, devant laquelle ces suppôts ne voulurent pas servir, et lors de la mort du roi-martyr, et de l'enfant, son fils si malheureux. Ils viennent encore d'en donner une nouvelle preuve lorsqu'ils ont maîtrisé le ministre qui signa la lettre du 5 novembre 1811, pour se faire excuser, et poursuivre et piller celui qui les démasque. Un autre écrit, intitulé *Mon budget judiciaire*, prouve que les pillages et pertes vont annuellement à plus d'un milliard pour les hommes expérimentés, et que ceux qui le sont le moins ne peuvent s'empêcher d'avouer qu'ils vont au moins à 500 millions; et quoique Votre Excellence en ait eu des exemplaires dans deux distributions, je suis prêt à lui en envoyer de nouveaux, si, dans ce moment si sérieux, elle veut les lire, Votre Excellence ne souffrira pas sans doute d'être maîtrisée elle-même, car mon courage irait encore jusqu'à le publier.

Tout-à-l'heure *Une thèse pour la justice contre la corruption et les convenances* développera encore les prodigalités si révoltantes, qui se succèdent en même temps que les iniquités qui les ont étouffées et les étouffent, et la nécessité de bien examiner les moyens infaillibles d'éteindre plus des neuf-dixièmes des procès, qui ne sont que parasites, de les réduire à moins d'un dixième, et de supprimer les trois quarts des juges. On verra aussi combien il est déplorable que l'on vienne de surprendre Sa Majesté pour augmenter les juges de Paris, quand mes efforts pour l'économie et la tranquillité avaient contribué à faire réduire les huissiers, à faire éliminer 112 avoués sur 262 en première instance, à faire réduire ceux d'appel, comme on les réduit encore en n'en remplaçant qu'un lors de la démission ou de la mort de deux, etc. Cette petite prodigalité est un objet de 200,000 francs au moins pour le trésor, et augmentera la fabrique des frais, des jugemens de quelques millions pour les Parisiens. Elle est allée jusqu'à dire que les nouveaux juges pourraient être installés, même en vacations, afin qu'ils puissent jouir au plus tôt de leur traitement, sans rien faire, comme si, même en vacations, quelques-uns des anciens juges ne pouvaient pas suffire pour le petit travail qu'on y fait.

Votre Excellence sentira que ceci encore ne manquerait pas de multiplier mes ennemis, s'il était possible, parmi ceux qui profitent des excès, et leurs parens et leurs protecteurs ; et que si M. le procureur-général pouvait encore achever de me faire pourrir en prison, en mettant de nouveau arbitrairement un gendarme à mes côtés, et en créant un impôt sur moi pour le faire payer, il ne manquerait pas à son tour de le faire ; mais, quoique vieux, infirme, ayant perdu les yeux et les dents, je suis si loin de craindre ni ce procureur-général ni la mort, que n'ayant pu jusqu'ici empêcher d'étouffer mes plaintes, je suis prêt à toute nouvelle torture, loin de ne pas augmenter sans cesse mon intrépidité.

CONCLUSION.

Ce qu'on vient de dire démontre assez que Votre Excellence devrait de suite donner ordre de consentir à la main-levée de vexations si évidentes, et faire déclarer par l'avoué de la régie que, de mon consentement, il y soit statué définitivement. Si elle ne veut pas de suite prendre ce parti, elle ne peut pas s'empêcher de convenir qu'il y a au moins toujours, suivant les lois, vexations et excès d'oppositions et inscriptions sur des biens cent fois trop responsables, et qu'alors provisoirement, comme la loi d'hypothèque permet de le faire, la restriction à l'inscription sur un domaine suffit, jusqu'à ce qu'il ait été statué judiciairement ou administra-

tivement ; et pour l'un comme pour l'autre, au fond, en me
résumant, je soutiens entr'autres mauvaises actions, qu'il
faut examiner et juger 1°. qu'il est vrai que les vengeances
et les vexations de quelques employés au nom de la régie
ont commencé en l'an 14 ; qu'alors j'ai averti le directeur,
M. Gentil, père, qui m'en a remercié par sa correspondance,
qu'il y avait le plus grand pillage sur le papier timbré, et
qu'il y avait plus de quatre-vingts requêtes supposées faites
par quatre avoués, qui excédaient plus de cent avec celles
supposées par mon avoué, toutes relatives à une simple fin
de non recevoir, sur un incident pour arrêter une expropriation, que la plupart de ces requêtes étaient supposées
grossoyées, et quelques copies, et j'en rapporte une quaran-
taine, étaient sur papier timbré qui avait servi deux et trois
fois.

Je soutiens que, pour éviter ma ruine, il a fallu faire
des procédures énormes et jusqu'à cinq pourvois en cassation qui avaient été admis, et qui n'ont été rejetés que par des
fins de non recevoir prises de l'acquiescement de mon avoué,
sauf mon secours contre lui, impossible parce qu'on ne
trouve ni avocats ni avoués, contre des avoués, et qu'il a
fallu payer tous frais et amendes énormes, en exécution
d'une lettre ministérielle du 5 novembre 1811, arrachée par
la faveur pour les avoués, et par l'inimitié contre moi.

Je demande que Votre Excellence rétracte cette lettre,
ou que la justice prononce qu'elle n'a pas dû arrêter les
poursuites contre ces avoués, que mon courage était utile
et louable pour le trésor, qu'il y eut trahison des droits de
l'état, et que non seulement je dois être restitué, mais dé-
dommagé.

2° Que dans une affaire en 1809, où il fut précipitam-
ment demandé et obtenu environ 24,000 f. de frais, sans pouvoir faire réviser la prétendue taxe faite par un autre avoué,
outre des articles concussifs sans fin, il n'a pas été possible de
faire écouter les plaintes contre cet avoué, qui porta environ
6000 fr., sous prétexte de papier timbré employé pour affiches
pour expropriation, sans rapporter même une seule quittance

d'imprimeur, et qu'il fallut payer, sans avoir pu non plus ni constater l'état ni compter les pièces qu'il remettait, et sans avoir pu jusqu'ici utiliser les réserves qu'il ne fut possible de faire contre lui qu'avec la plus grande peine.

3° Qu'il y a eu encore des vexations les plus déplorables, que je ne développerai pas ici pour abréger, et qui sont notamment d'avoir supposé, ce qui était physiquement impossible, qu'un agent avait fait prendre pour moi 10 milliers de plans de forêts dans la journée du 13 avril 1810, pour lesquels on demanda 40 francs ; on fit saisir mes fermages, on prit inscription sur mes biens, et on me fit courir plus de deux ans pour avoir les mains-levées; on fit faire encore plusieurs saisies, tantôt pour 5 fr. 50 c., tantôt pour 54 fr, quand j'en avais consigné d'avance 60 depuis long-temps; et que ce n'est encore qu'après m'avoir fait courir des années, qu'on n'a pas osé vendre mes meubles, et qu'on a été forcé de reconnaître qu'on devait me restituer 6 fr., par des jugemens que j'ai dédaigné de faire expédier pour éviter des frais à la régie.

4° Je soutiens aussi qu'on a supposé que j'avais coupé, sur une permission incompétente, deux arbres de bois blanc, quand je m'étais adressé à la préfecture, et qu'un chef de division avait renvoyé mon régisseur à l'agent forestier, qui donna cette permission; et quand je viens d'en vendre 1000 pareils, mais très-vivans, à 18 fr. chacun, ces deux ont été estimés méchamment 141 fr. dans le procès-verbal de prétendue contravention, pour que l'amende du triple prononcée fût plus forte, décerner contrainte, saisir de nouveau tous fermages, faire inscriptions à Paris et à 200 lieues sur des biens mille fois responsables; et c'est là ce qui me tient avec mes six familles dans le moment sans une obole. Je soutiens, que de plus, par la méchanceté d'un avoué de Melun, appelé Nancey, où mes biens sont situés, on a, au mois de décembre dernier, achevé d'exécuter le complot de me forcer à payer 368 fr. au nom de la régie pour un cheval vendu à un fermier, que j'avais fait décider que je ne devais pas, non plus que les frais, se portant à environ

14

2000 fr. ; il y a eu, dis-je, supposition encore que cela
était dû en imaginant d'appeler alors les frais et le cheval contributions, et on a osé, à force ouverte, vendre à ma campagne des meubles et des meules de blé, après avoir enlevé
mon troupeau de moutons. Depuis quinze ans, surtout,
des détails de ce genre pourraient être faits, notamment sur
des centaines de contraintes pour des enregistremens de ché-
tifs jugemens préparatoires, qu'on rend pour la forme, à
mon insu dans les querelles qu'on me suscite, et après que
le double droit est encouru, arrivent les contraintes ; mais,
en méprisant cette malice, je ne m'en occupe plus. J'at-
tendais le moment qui vient d'arriver, que les deux arrêts
solennels de Rouen fussent confirmés par la Cour de cassation, parce qu'ils ont articulé plus de mille crimes de cette
espèce, et prononcé en plusieurs endroits, en propres termes,
qu'il y a *combinaisons répréhensibles*, *concert frauduleux*,
prévarications d'un nouveau genre, *oppositions*, *inscriptions*
malicieuses de la part des avoués contre moi; et la conséquence la plus juste est que la Cour royale de Paris ayant
favorisé les officiers ministériels, et sanctionné tout cela successivement dans ses chambres, c'est à elle principalement
que je suis autorisé à les reprocher; et Votre Excellence doit
par devoir m'aider à réparer tout cela, quand ses fonctions
peuvent et doivent y contribuer.

Je soutiens, en finissant, comme je l'ai déjà demandé,
que Votre Excellence, par elle-même, ou par des adminis-
trateurs de la Régie, qui, du reste, n'ont besoin que d'un
moment, d'après les pièces, pour l'examen, doit décider que
tout est vrai; qu'il y a vexation et complot de ruine, comme on
l'a décidé à Rouen. Je dénonce, enfin, de nouveau ici à Votre
Excellence, et parce que c'est un devoir de tous les fonc-
tionnaires publics de faire connaître au juge compétent les
crimes, quand ils en découvrent, l'évidence des faits ci-
dessus, notamment de ceux constatés à Rouen, et que la
Cour de cette ville, sans doute à son grand regret, n'a pas eu
compétence pour poursuivre et juger, parce qu'elle n'était
saisie que d'objets civils, par le renvoi de cassation, et parce

que, malgré plusieurs dénonciations, il ne m'a pas été possible d'être écouté, ni aux parquet, ni au différentes chambres
où je les ai portées successivement, et incidemment aux persécutions qu'on continue. Je n'ai pas pu même y faire donner acte de mes plaintes contre les principaux coupables, qui
sont les avoués Boudard, qui a soutenu la lutte à Rouen ;
l'avoué Ranté, qui signa, à Paris, l'allocation des mille articles
et plus rejetés à Rouen comme concussifs, et contre l'avoué
Nancey, qui a tout mené et mène tout à Melun, parce
qu'il y est beau-frère et commensal d'un juge, avoué de la
régie, du receveur des contributions, conseil à la préfecture, ce qui forme toutes les autorités de Melun, sauf la
municipalité, où il est même adjoint. Une infinité de pièces
authentiques justifient tous ces faits.

Je m'arrête enfin, et je supplie Votre Excellence de ne
pas garder le silence sur ces trahisons, et de s'en occuper de
suite, pour éviter d'autres plaintes.

Je suis avec un profond respect,

Monseigneur,

De Votre Excellence,

Le très-humble et

Très-obéissant serviteur,

SELVES.

Paris, 14 août 1821.

De l'imprimerie de **DOUBLET**.